Ulrich Peters

Das Märchen vom Regenbogen

Ulrich Peters

Das Märchen vom Regenbogen

Mit Illustrationen von
Monika Maslowska

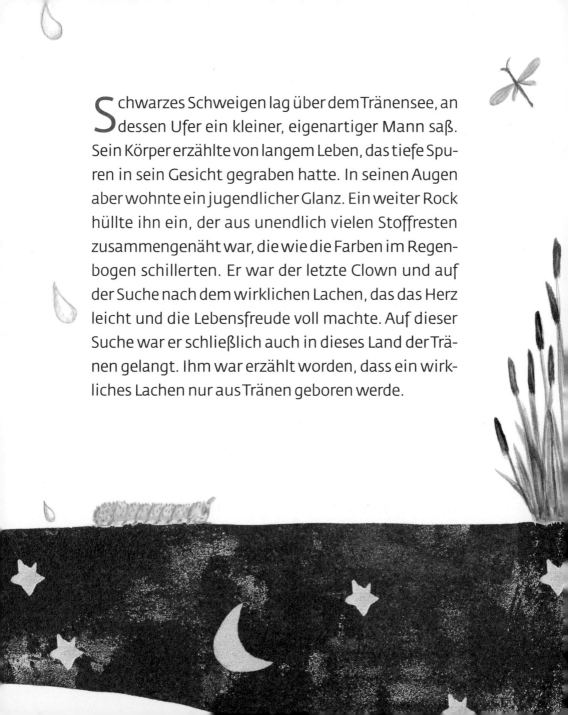

Schwarzes Schweigen lag über dem Tränensee, an dessen Ufer ein kleiner, eigenartiger Mann saß. Sein Körper erzählte von langem Leben, das tiefe Spuren in sein Gesicht gegraben hatte. In seinen Augen aber wohnte ein jugendlicher Glanz. Ein weiter Rock hüllte ihn ein, der aus unendlich vielen Stoffresten zusammengenäht war, die wie die Farben im Regenbogen schillerten. Er war der letzte Clown und auf der Suche nach dem wirklichen Lachen, das das Herz leicht und die Lebensfreude voll machte. Auf dieser Suche war er schließlich auch in dieses Land der Tränen gelangt. Ihm war erzählt worden, dass ein wirkliches Lachen nur aus Tränen geboren werde.

Schon lange hatte er an der Uferböschung des Sees gesessen. Je länger er aber dort saß, desto weniger konnte er diese rätselhaften Worte verstehen. Er war verstört über das, was er in dem dunklen Spiegel sah: Tod, Trauer und Tränen überschatteten und erstickten das Lebenslicht der Menschen. Das ganze Elend der Welt, alle Einsamkeit, alles Unrecht, alle Trostlosigkeit und Krankheit waren in diesem undurchdringlichen Dunkel versammelt.

Der Clown hörte wie von ferne die Schreie und das Stöhnen der Gequälten, Gefolterten und Gemordeten, die Rufe der Orientierungslosen und das Marschieren der Soldaten. Er sah Zahllose, die die Last des Lebens gebeugt und zu Boden gedrückt hatten, und wieder andere, die wie Schatten ihrer selbst waren. Ein gespenstisches Heer von Menschen zog vor seinem Blick vorüber, die wegen der Enttäu-

schungen und Wunden, die ihnen das Leben zuge-
fügt hatte, den Blick aus der Enge ihres Leidens
nicht mehr zur Weite des Himmels zu heben ver-
mochten. All ihr Klagen, Rufen und Röcheln mün-
dete in einen einzigen erschütternden Schrei nach
Leben, der im Tränensee erstickend starb.

Der Clown dachte nach. Es war schlecht bestellt
um die Sehnsucht der Menschen nach Liebe
und Leben in diesem Land des Todes. Er aber war ein
Clown, ein Kind des Regenbogens, das die schwere
Aufgabe hatte, den Menschen das Leben leichter
und sie glücklich zu machen. Aber was konnte er als
einzelner ausrichten? War er nicht wirklich ein Narr,
wenn er alleine gegen die vernichtende Macht des
Todes ankämpfen wollte? Wenn er indes ein Narr
sein sollte, so wollte er doch ein Narr aus Liebe sein!

Er tat, was nur ein Clown zu tun vermag. Das sollte sich als sehr viel erweisen. Der Clown trieb seine Späße und machte sich lustig über das Dunkel, das die Menschen am Ufer des Sees bedrückte. Sein Verhalten befremdete die Menschen. Manche fanden es einfach unerhört und respektlos, dass der Clown ihrem bedauernswerten Leben an den dunklen Ufern des Tränensees nicht den nötigen Ernst entgegenbrachte. Andere, Wohlmeinende, rieten ihm, er möge vorsichtig sein, denn mit den finsteren Mächten sei nicht zu scherzen. „Wir werden schon sehen, wer am Ende stärker ist", lachte da der Clown. „Die Finsternis hat nur so viel Macht über euch, wie ihr ihr einräumt. Natürlich ist das Dunkel der Nacht eine Macht, und Tränen und Tod sind traurige Wirklichkeit. Aber was sie mit euch machen, das entscheidet ihr auch selber. Es ist eure Angst, die das Dunkel groß macht. Euer Vertrauen und eure Lebensfreude hingegen könnten es kleiner machen. Ich verstehe es auch erst gerade selber. Es gibt kein Licht ohne Dunkel, wie es wohl auch kein wirkliches Lachen ohne Tränen gibt. Aber was wichtig wird in eurem Leben, was euch bestimmt, Licht oder Dunkel, hängt auch davon ab, wofür ihr euch entscheidet."

Wie er so sprach, durchbrach das Lachen des Clowns glockenrein die finstere Leere, und es schien, als ob das Dunkel zurückwich und ein feines farbiges Licht an der Stelle schimmerte, an der eben noch undurchdringliche Finsternis war. Verblüfft von der überraschenden Kraft dieses Lachens, stimmten einzelne Menschen vorsichtig ein, und je lauter und vielstimmiger ihr Lachen wurde, desto lichter wurde es um sie herum und desto deutlicher wich das Dunkel zurück.

Da erkannten die Menschen in jenem seltsamen alten Mann, der dennoch so jung zu sein schien, längst vergessene Träume vom Leben. Als sie ihn fragten, woher er seine Frische und Zuversicht nehme, antwortete er: „Alles keine Frage des Alters, sondern der Sehnsüchte und Hoffnungen. Jedes Menschenkind kommt mit einem Traum im Gepäck auf die Erde. Wenn es diesem Traum treu bleibt, dann schenkt er ihm immer neue, unverbrauchte Lebenskraft, die nötig ist, damit dieser Sehnsucht in der sichtbaren Welt Gestalt verliehen

werden kann. Ich bin als Clown geboren, ein Kind des Regenbogens. Mein Traum mahnt mich, dafür Sorge zu tragen, dass kein Mensch sein Lachen verliert."

Als er dies sprach, beschrieb er mit seiner Hand einen Halbkreis, und bald schillerte an dieser Stelle ein Regenbogen in der Luft, dessen warmes Leuchten die Menschen so umfing, dass sie sich vom liebevoll glühenden Lebenslicht unendlicher Lebendigkeit umschlossen und behütet fühlten. Tränen verwandelten sich in Tropfen geheimnisvoll funkelnden Lichts und die Trauer in neuen Lebensmut, der es sich mit dem Dunkel aufzunehmen traute. Die Menschen sahen ihr Leben in einem neuen Licht, und dieses Leuchten voller Energie und Liebe lockte sie, ihr Leben noch einmal neu zu probieren.

Nach einer Weile erlosch dieses Licht, und sie fanden sich in ihrer wohlbekannten Wirklichkeit wieder. Aber etwas war anders geworden: Es schien ihnen, als ob das Licht in ihrem Innern weiterglühe. Auch der Regenbogen war nicht mehr so klein wie zuvor, sondern gewachsen und spannte sich nun wie eine riesige Brücke aus reinstem Licht in den Himmel, die in sieben Farben leuchtete.

Was war geschehen? „Um diesen Bogen, diese Brücke aus Licht zu schaffen", erklärte ihnen der Clown, „habe ich zweierlei benötigt: mein Lebenslicht und die Tränen eures Leids. Immer wenn der Himmel gleichzeitig lacht und weint, steht ein solcher Bogen in den Wolken. So wie die Sonne und der Regen zueinander gehören, so gehören auch das Lebenslicht des einen und die Tränen des anderen zusammen. Wo immer Menschen ihr Lachen

mit dem Weinen anderer verbinden, wächst solch eine buntleuchtende Brücke zwischen ihnen, die das dunkle Tal der Tränen überspannt. Tief in euren Herzen wohnt das Licht des Lebens – eine Kraft, die ihr im Allgemeinen für unsichtbar haltet. Aber wenn sich dieses Lebenslicht in der Wirklichkeit des Alltags bricht, entfalten sich die vielen Farben, die es aufbewahrt."

Die Worte des Clowns bewegten die Menschen und drangen tief in ihre Herzen. Langsam fanden auch jene ihre Lebensfreude wieder, denen das Lachen aus guten Gründen längst vergangen war und die bislang nicht die Kraft aufgebracht hatten, dem Clown zu trauen. Es war keine oberflächliche Heiterkeit, sondern ein Lachen von einiger Tiefe, das Schmerzen und Leiden kannte, nicht einfach unbeschwert, aber doch von einem unbeirrbaren Vertrauen ins Leben getragen.

So geschah es, dass der letzte Clown nicht der einzige Nachfahre seiner Art blieb. Nach ihm gab es noch viele Kinder des Regenbogens, die sein Geheimnis weitertrugen. Sie wurden immer dort geboren, wo Menschen sich von der Not anderer anrühren ließen. Denn nur die Liebe ist eine Antwort auf das Leiden, Lachen macht, dass man mutig sein kann, und selbst wo das Lebenslicht durch Tränen gebrochen wird, kann es seine Kraft entfalten und zu neuem bunten Leuchten und Leben erwachen.